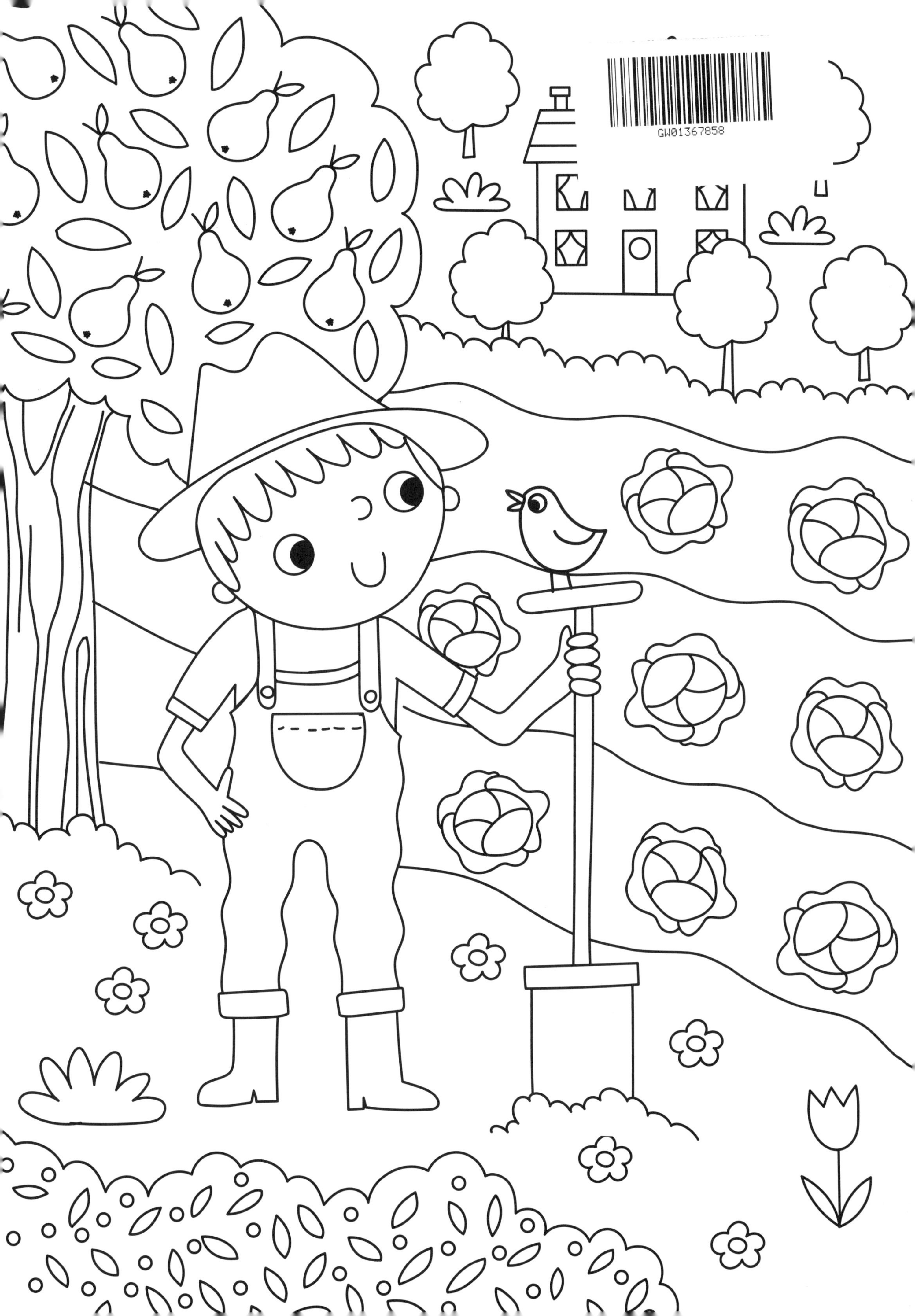

GW01367858

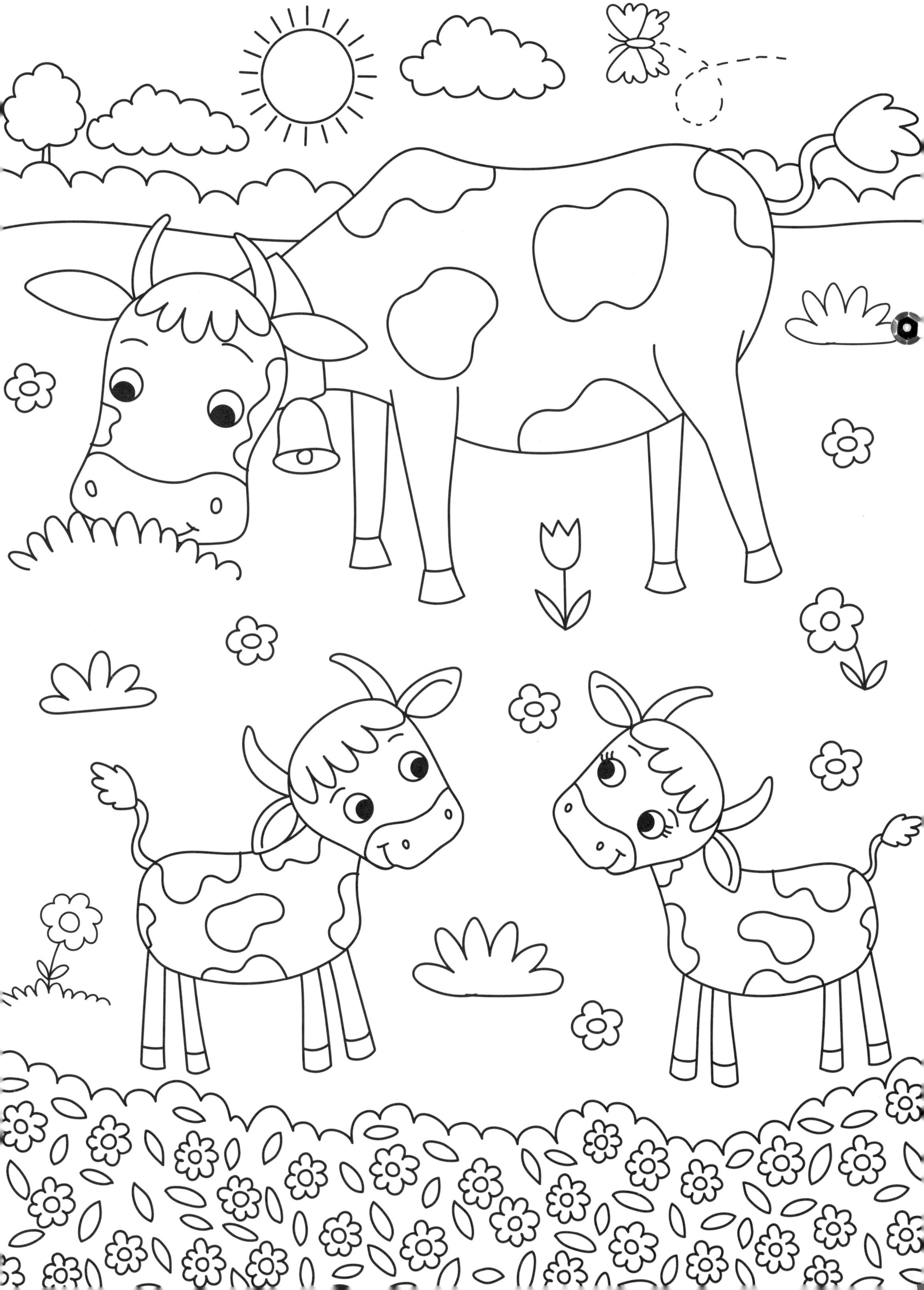

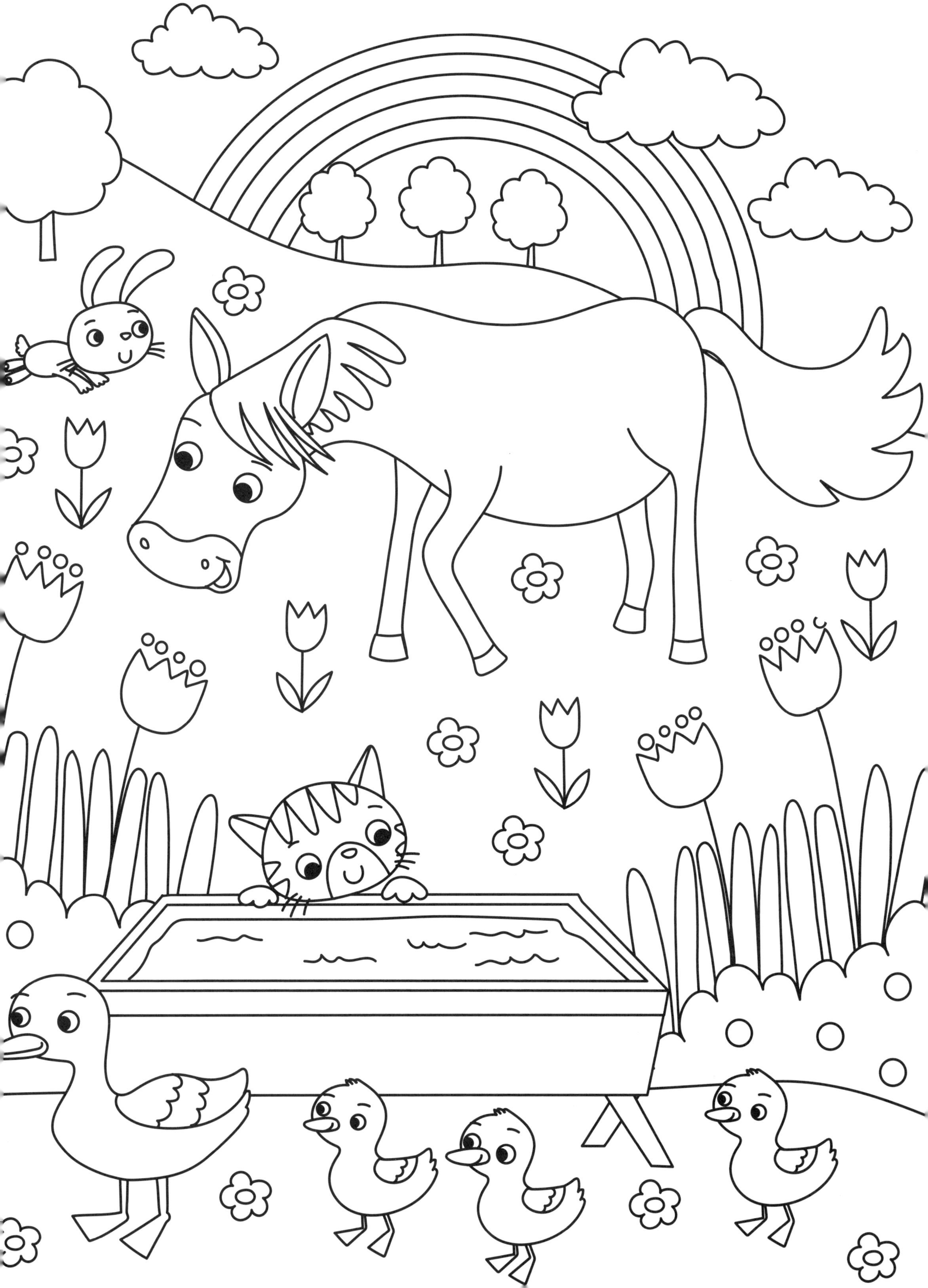

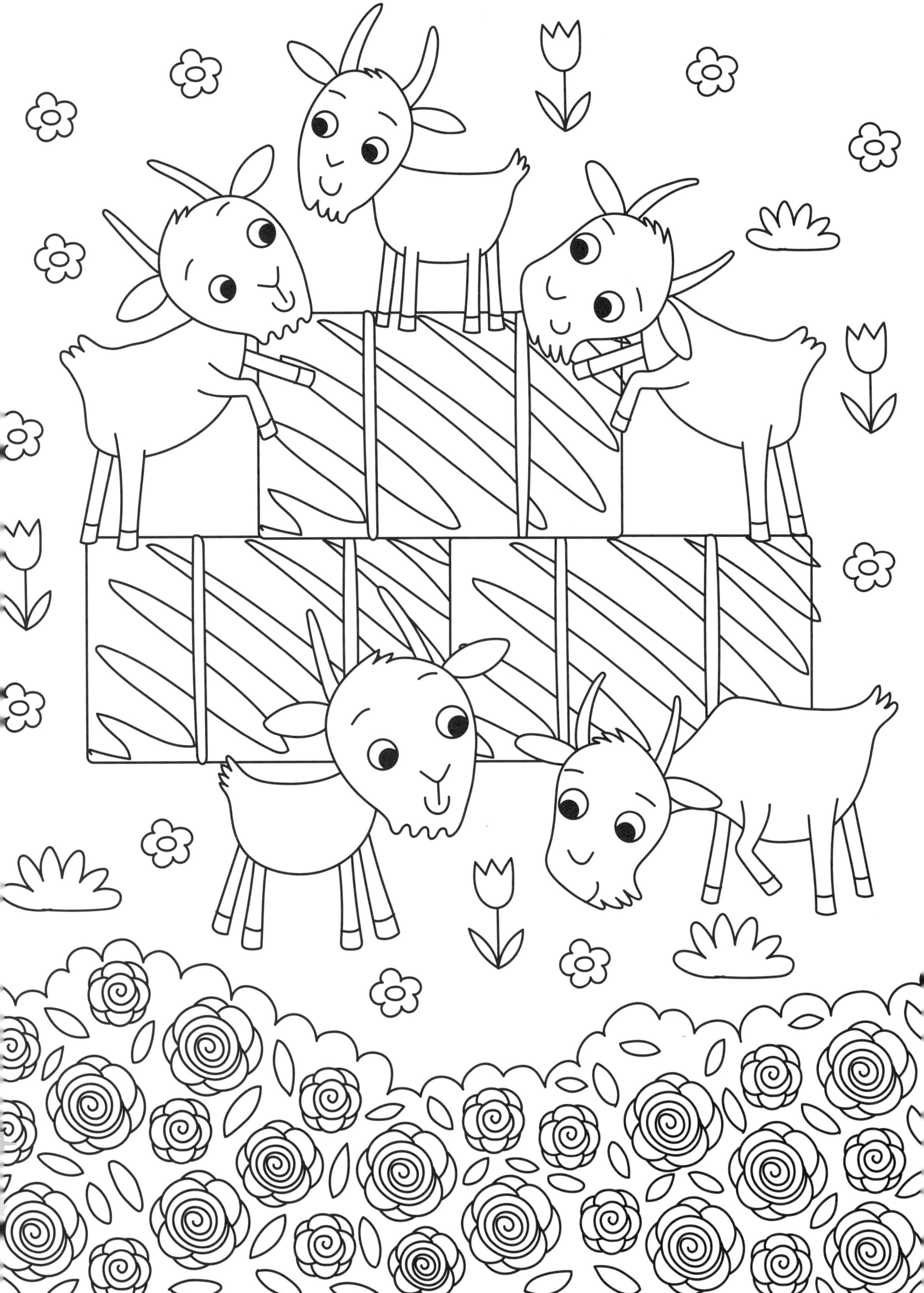

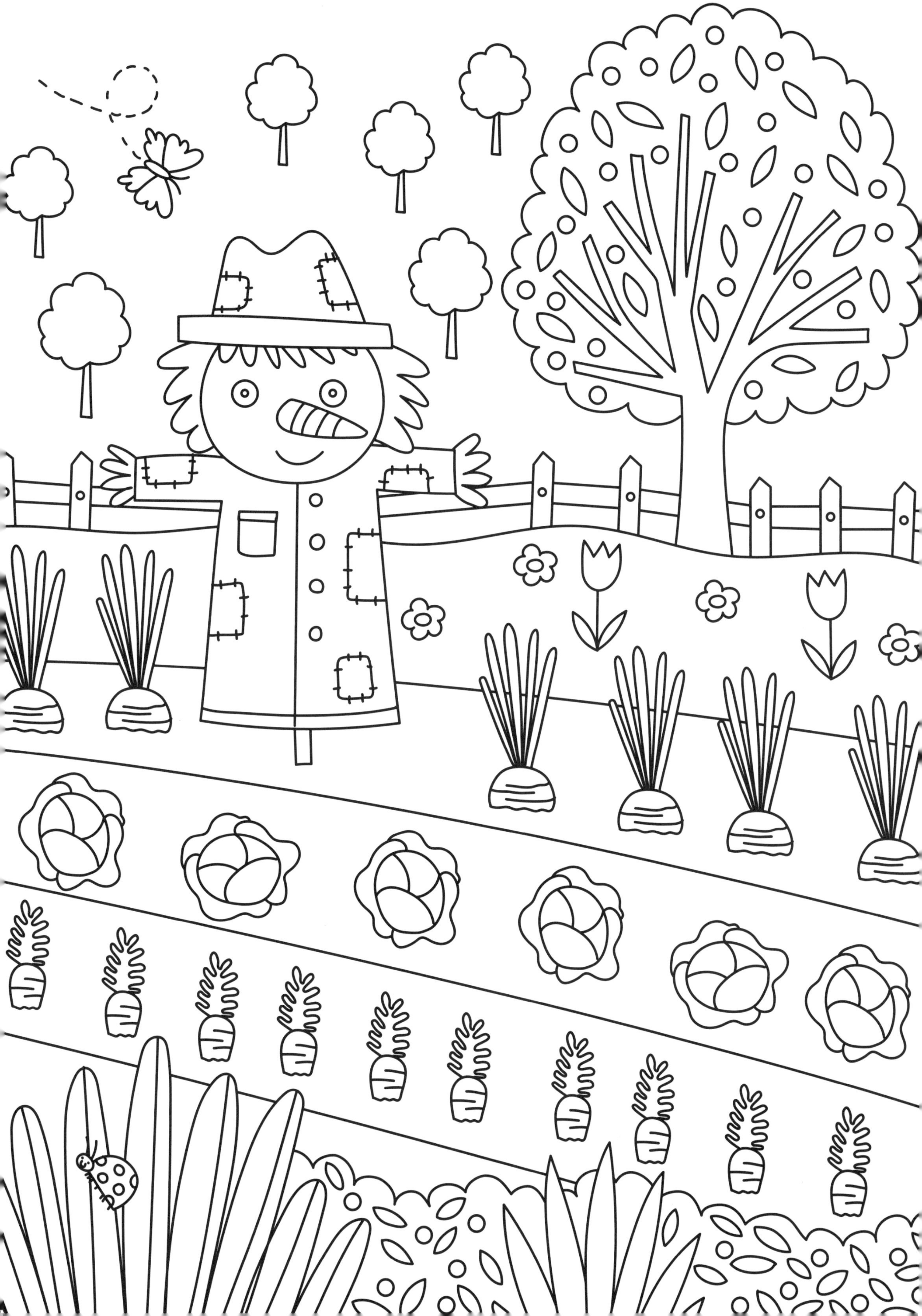

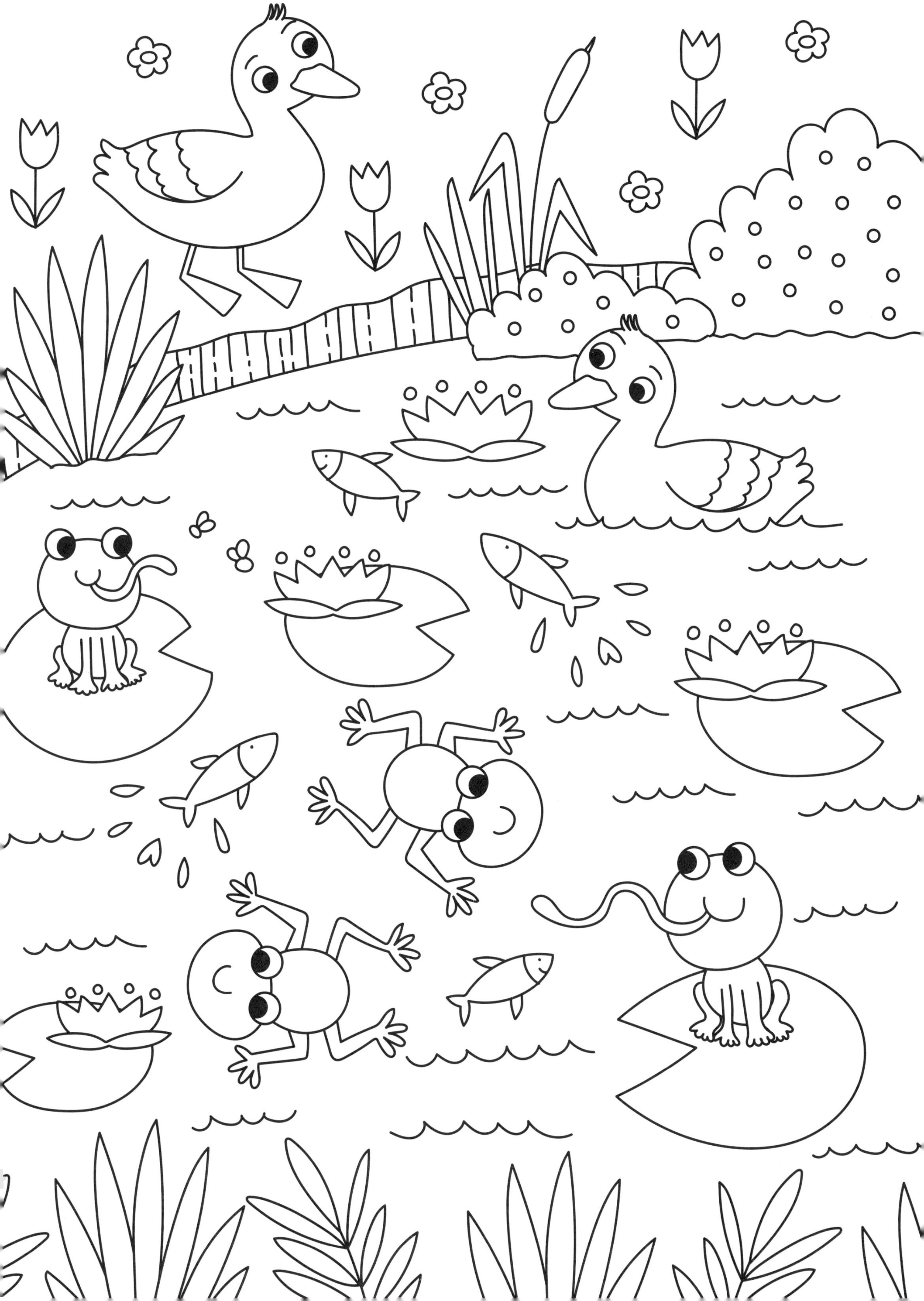

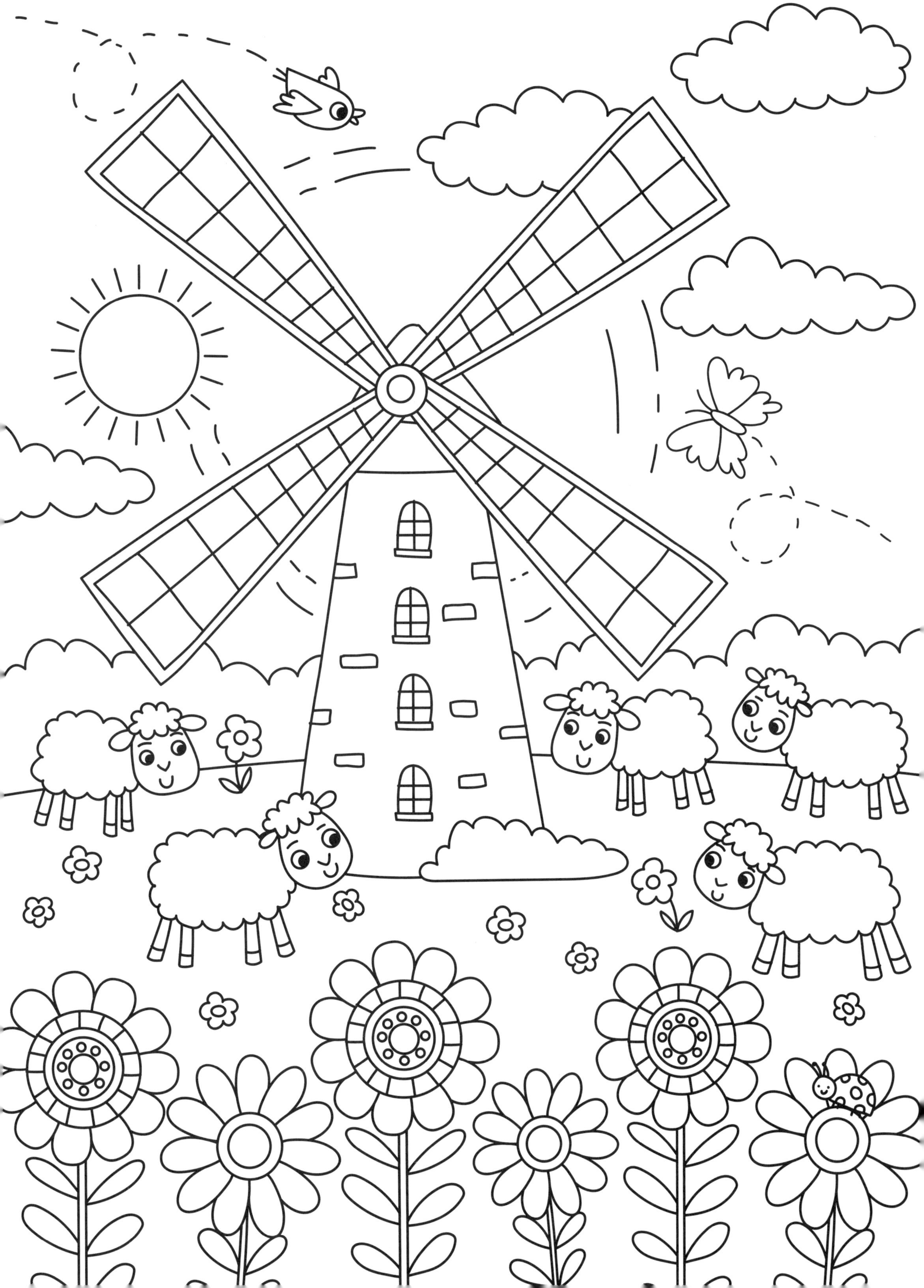

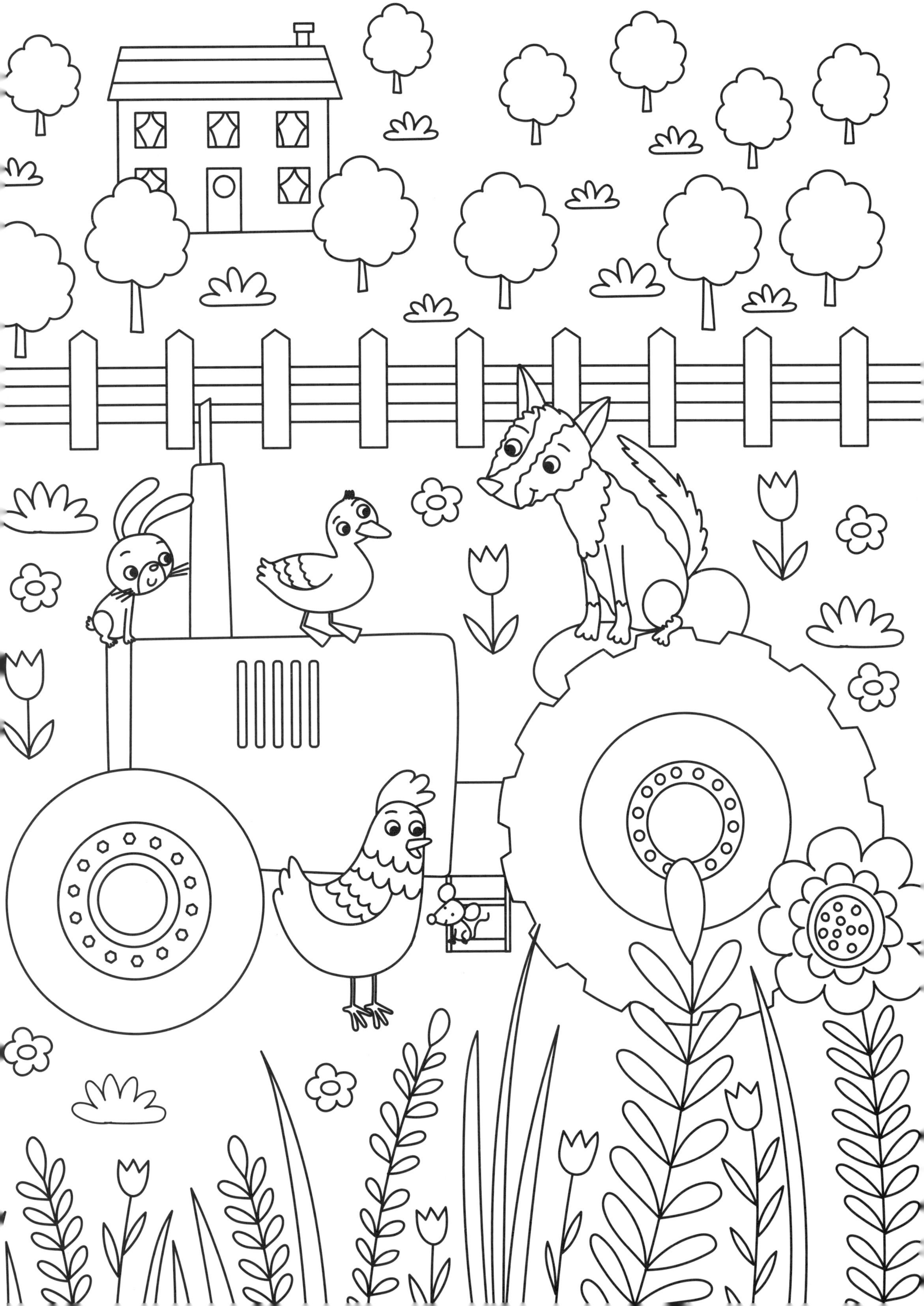

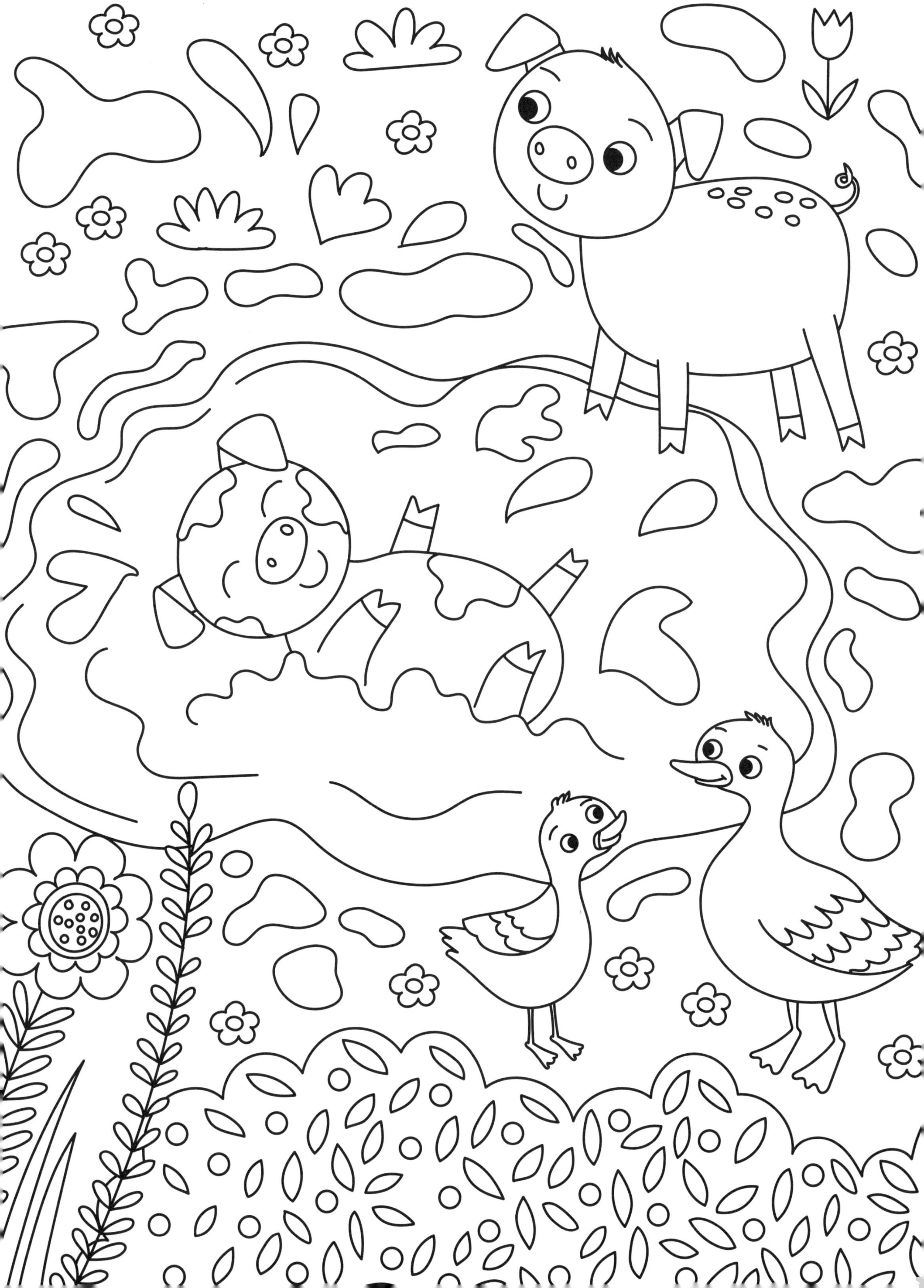

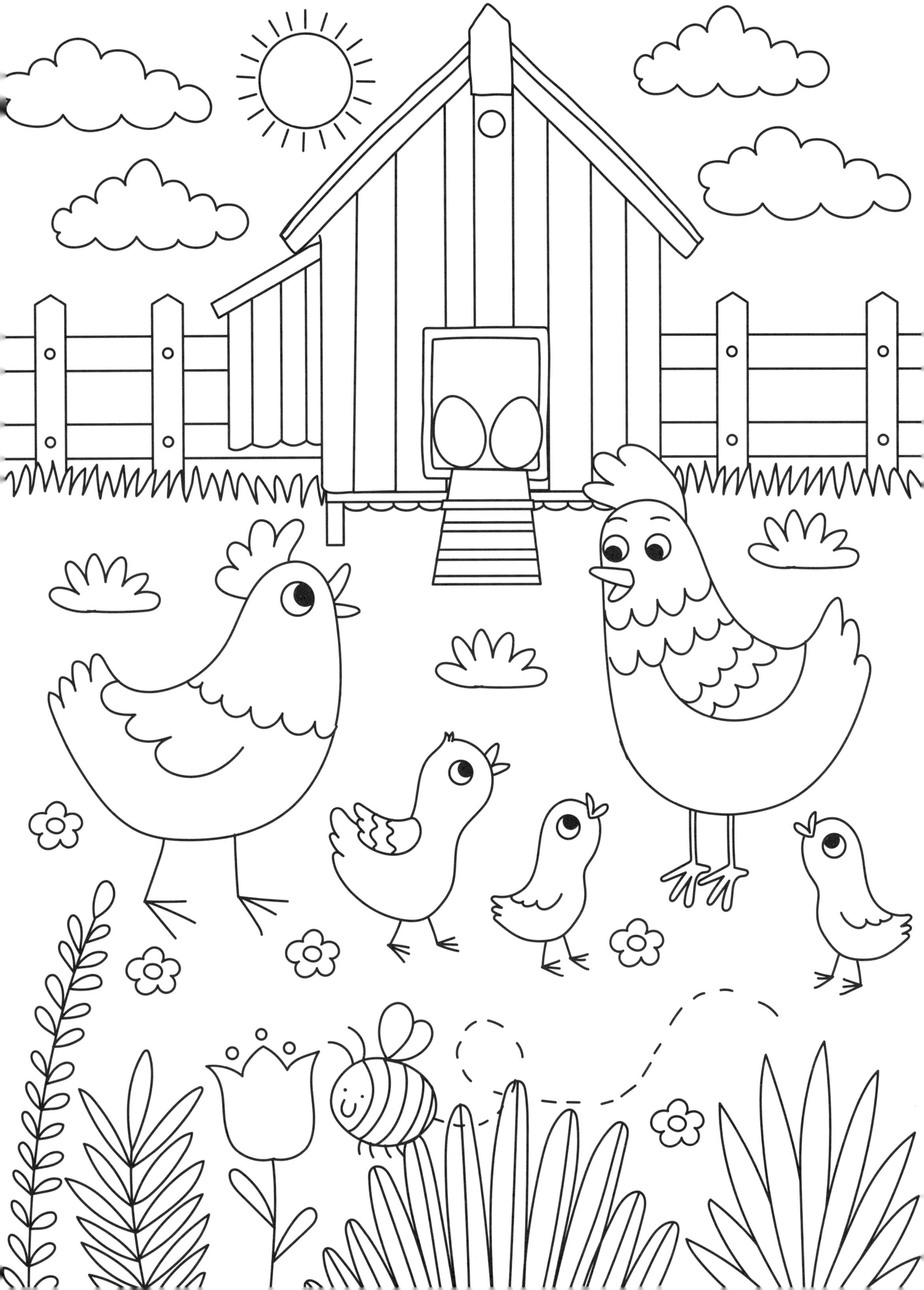

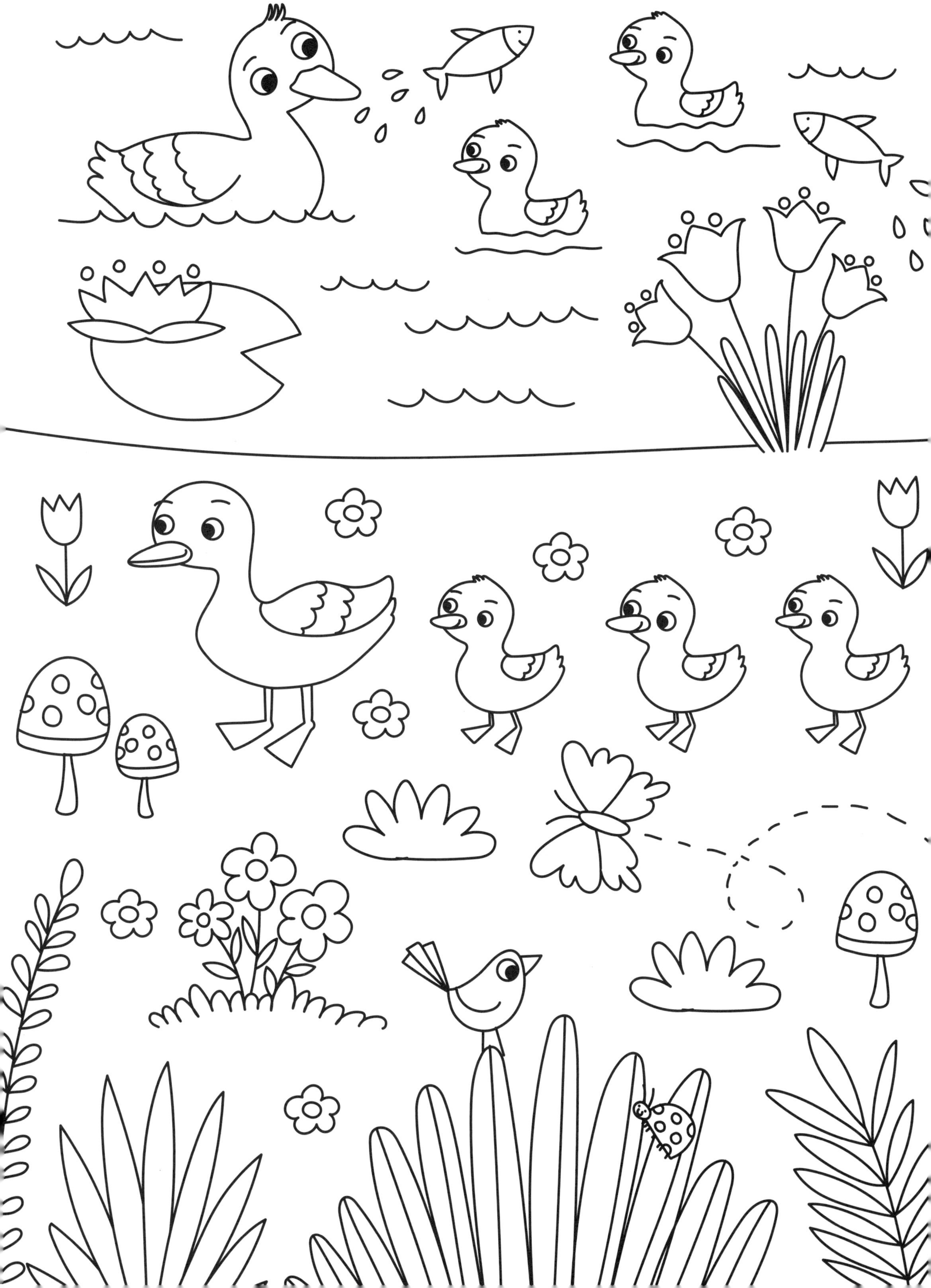

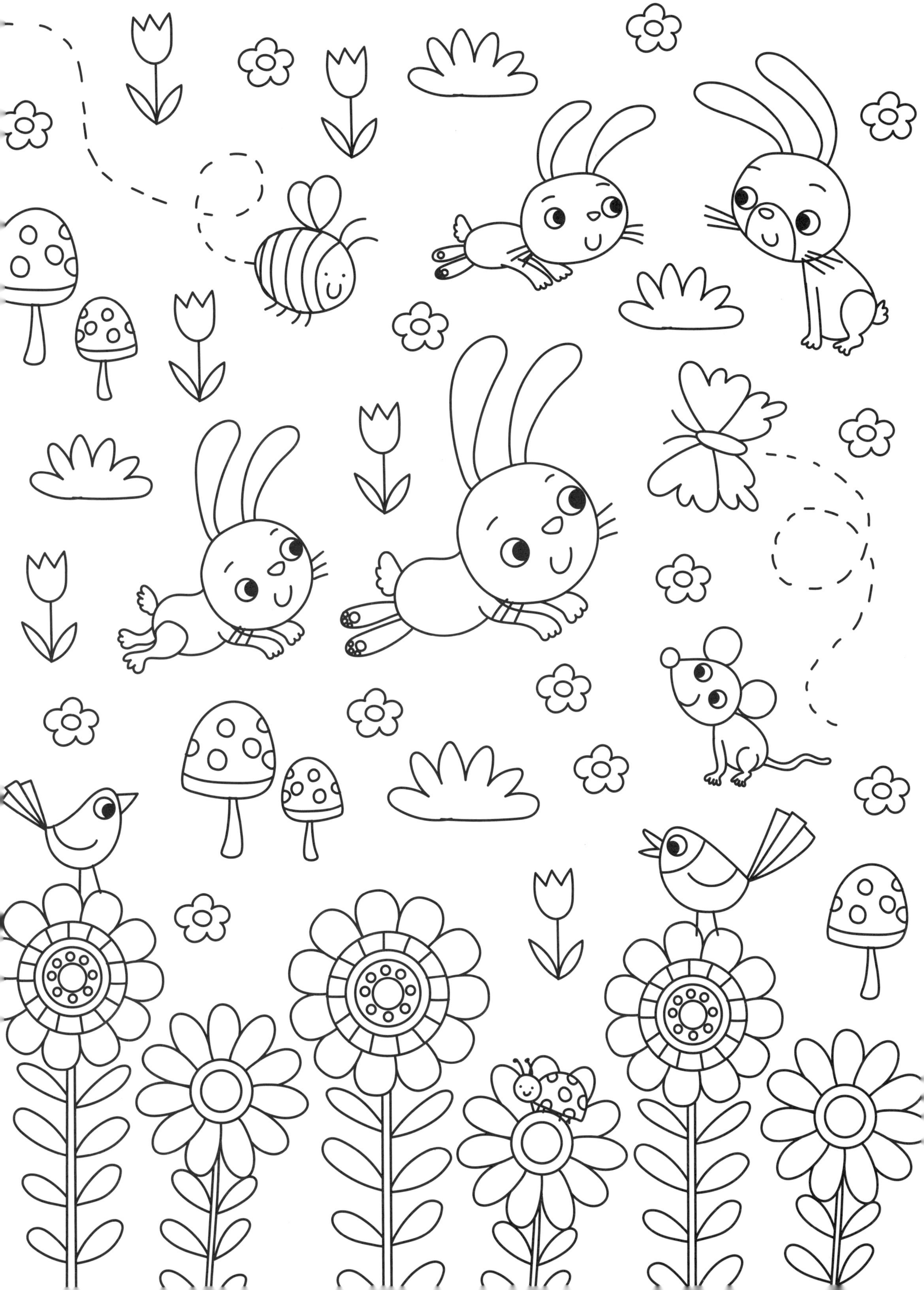

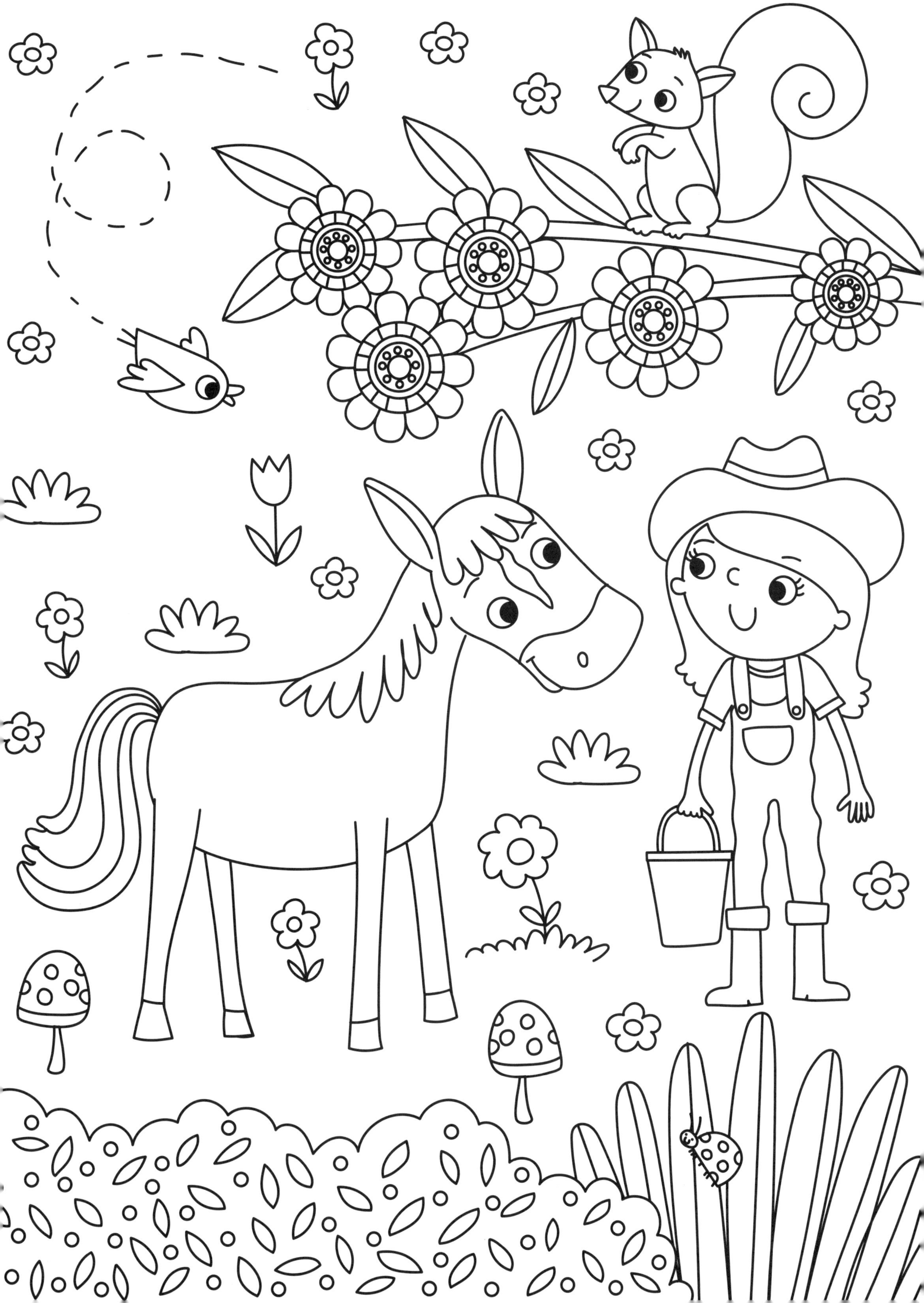

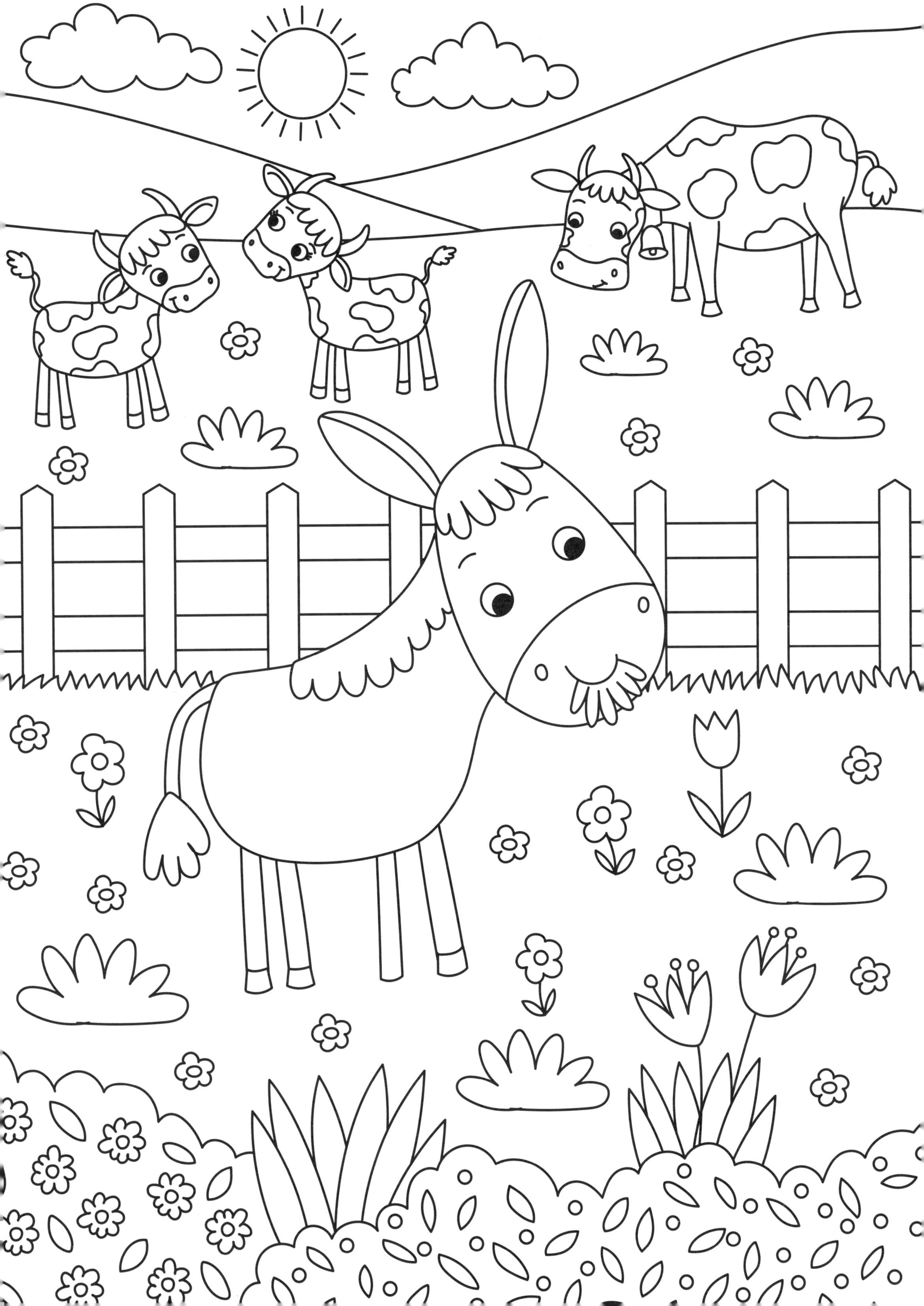

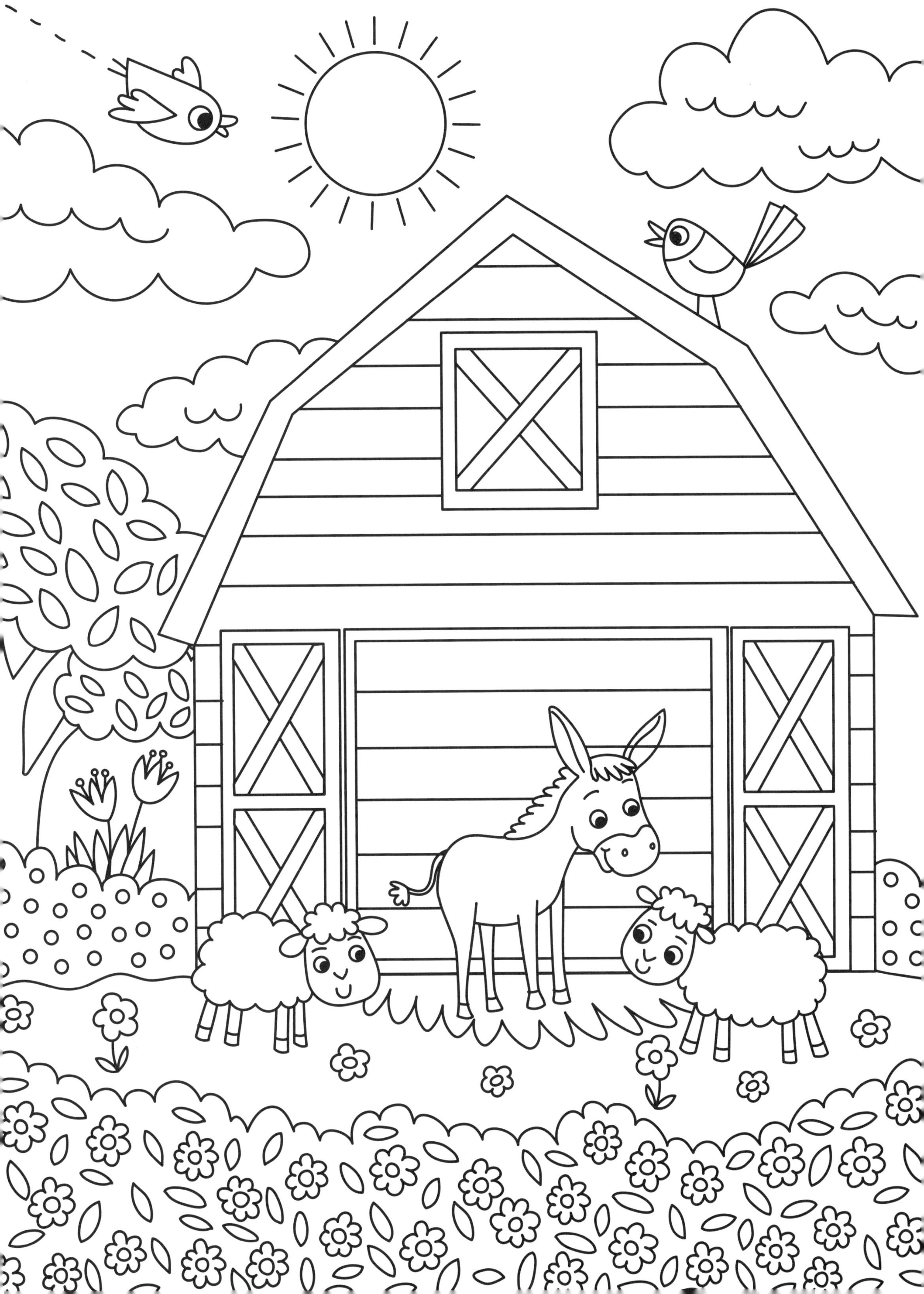

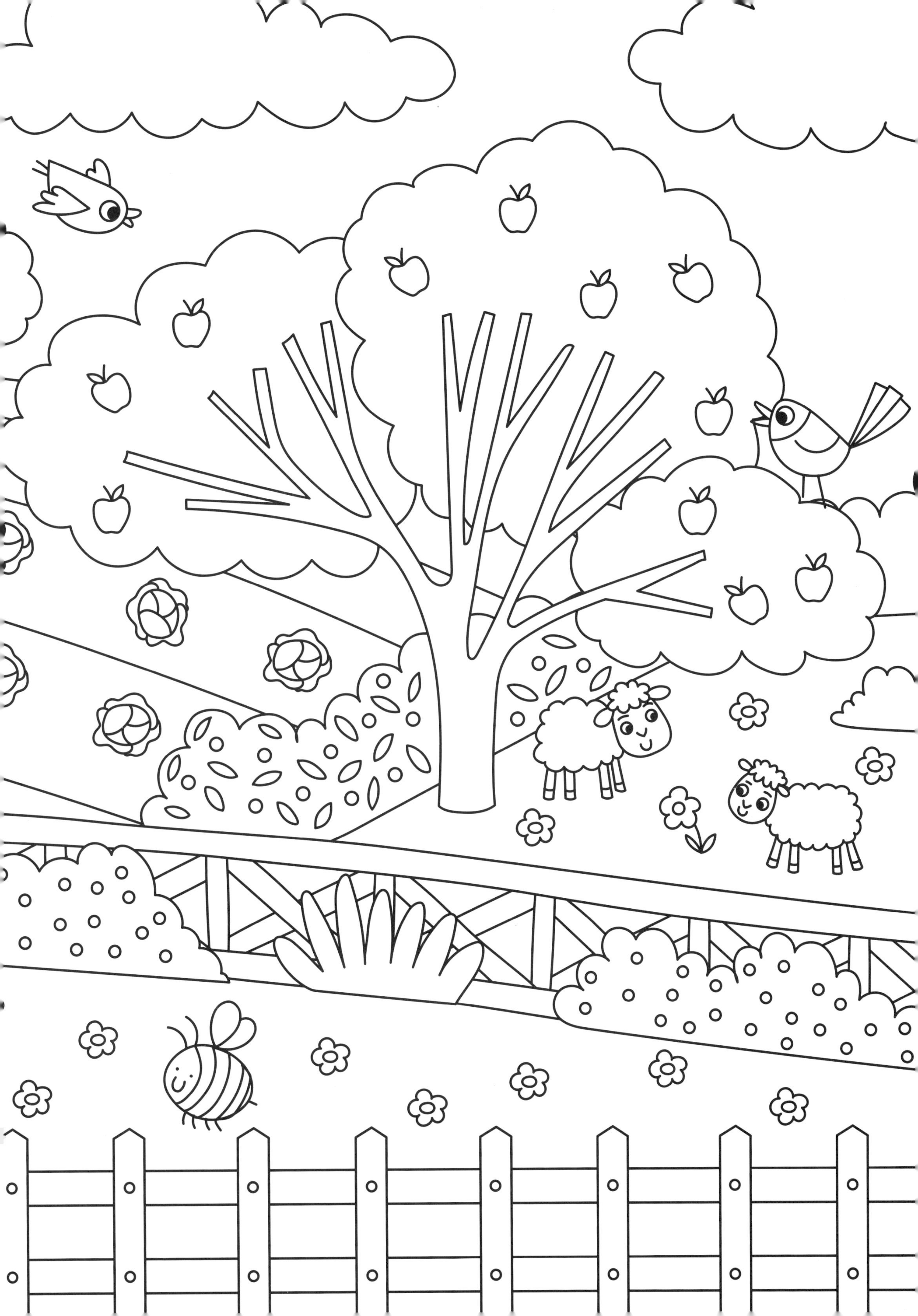